Couvertures supérieure et inférieure
manquantes

LE PONT DE ROANNE

ET LES

INONDATIONS

DE LA LOIRE

NOTICE HISTORIQUE

PAR FRANCISQUE POTHIER

ROANNE

IMPRIMERIE ET LIBRAIRIE CHORGNON

1868

LE PONT DE ROANNE

ET

LES INONDATIONS DE LA LOIRE

NOTICE HISTORIQUE

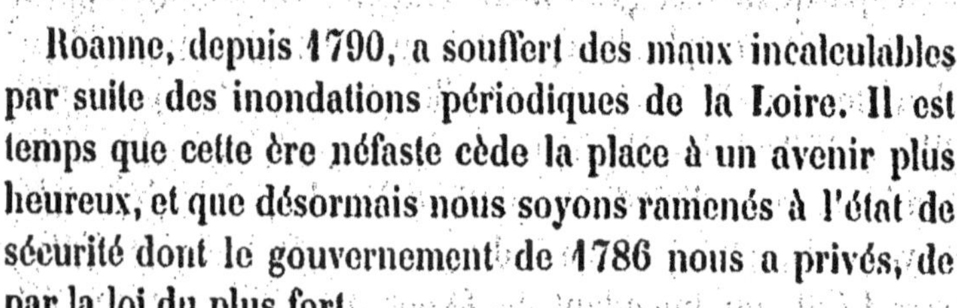

Roanne, depuis 1790, a souffert des maux incalculables par suite des inondations périodiques de la Loire. Il est temps que cette ère néfaste cède la place à un avenir plus heureux, et que désormais nous soyons ramenés à l'état de sécurité dont le gouvernement de 1786 nous a privés, de par la loi du plus fort.

Nous croyons donc faire œuvre de patriotisme, au moment où l'on va s'efforcer de mettre la ville à l'abri des débordements de la Loire, de publier l'histoire du pont de Roanne et des inondations qui ont ravagé notre pays. Les causes de ces désastres une fois bien connues, peut-être nos ingénieurs parviendront-ils plus facilement à les supprimer.

Jusqu'au milieu du dix-septième siècle, aucun pont n'avait été construit sur la Loire; du moins aucune trace, aucun souvenir n'en est resté. Un bac établi à l'extrémité de la rue des Minimes servait à franchir le fleuve. Le premier pont qui ait été construit à Roanne le fut, en 1630, par Louis Gouffier, duc de Roannais. La rue des Minimes était, il y a deux cents ans, la grande rue de Roanne; le duc fit établir le pont à son extrémité, près de la chapelle Saint-Nicolas.

D'après une estampe contemporaine, ce premier pont se composait de trois piles en maçonnerie reliées entre elles par un tablier en bois fort étroit. Construit dans de mauvaises conditions et avec beaucoup trop d'économie, ce pont ne tarda pas à nécessiter des réparations que personne ne fit. Peu d'années après son achèvement, il tombait déjà en ruines, et la crue de 1680 l'emporta complétement; il avait duré cinquante ans.

A partir de cet événement, le bac traditionnel que le pont avait remplacé reparut à son ancienne place. Pendant soixante et dix ans, la traille grinça nuit et jour entre l'Ile et la rue des Minimes, malgré les plaintes, les réclamations, les sollicitations continuelles des riverains et des voyageurs, et les dangers du passage de la Loire. Enfin, vers 1750, un intendant de Lyon, personnage important, remplissant des fonctions presque analogues à celles d'un préfet, voyageait avec sa famille et se vit forcé de prendre le bac. La Loire était très-forte : un accident arriva, et l'intendant faillit se noyer.

Depuis soixante et dix ans on réclamait en vain; l'intendant, après son accident et sous l'empire de l'émotion qu'il venait d'éprouver, fit décider la construction immédiate d'un pont. La rue Impériale, alors Ducale, venait d'être ouverte; l'on construisit le pont à son extrémité. Ce pont était composé de deux parties : une première reliait Roanne à l'Ile, et une seconde faisait communiquer l'Ile au Coteau ; toutes deux étaient entièrement en charpente et ressemblaient assez au pont Morand de Lyon.

La Loire passait en temps ordinaire entre l'Ile et Roanne et laissait à sec la partie de son lit entre l'Ile et le Coteau. Mais, lorsque le fleuve était grossi par les eaux, il trouvait dans ce lit un large passage. Les deux ponts, en effet, étaient composés tous les deux de quinze travées ; chaque travée était large d'un peu plus de 8 mètres : le lit du fleuve embrassait une largeur libre de 249^m,47.

Les choses restèrent en cet état depuis 1750 jusqu'en 1786. Cette année-là, le pont qui reliait l'Ile au Coteau ayant eu besoin de quelques réparations, M. de Varaigne, ingénieur, au lieu de les exécuter, le fit complétement supprimer. A sa place, il fit faire une levée en terre et ferma ainsi d'une manière absolue le second lit de la Loire.

Des réclamations universelles s'élevèrent. Non-seulement les populations, mais les autorités locales elles-mêmes protestèrent, en faisant observer que fermer ainsi la moitié du lit du fleuve, c'était forcer les eaux à se frayer un passage dans la partie basse de la ville.

Roanne n'eut pas, en 1786, une chance plus favorable avec les ponts et chaussées qu'à des époques postérieures. M. de Varaigne persista dans sa résolution ; son projet fut exécuté et la levée construite. M. de Varaigne fit plus. La culée de l'ancien pont servait de tête à l'Ile entière et la préservait contre les affouillements des eaux ; il trouva bon de la faire détruire.

Le 11 novembre 1790, les craintes éprouvées et les prédictions formulées par toute la population ne furent que trop justifiées. Les eaux ne purent s'écouler par l'étroit passage que M. de Varaigne leur avait si parcimonieusement mesuré. Elles refluèrent en arrière et se précipitèrent par le Creux-Granger, dans l'intérieur de la ville. Le pont, écrasé, brisé, fut emporté, et les quais des Charpentiers, minés, détruits, entraînés, furent balayés en quelques minutes. Les pertes furent horribles. Plus de cent maisons renversées donnaient aux quartiers du Creux-Granger et des Charpentiers l'aspect d'une ville bombardée. Toutes les marchandises en dépôt dans les magasins du port avaient été entraînées. Deux cents bateaux, chargés de grains achetés par la municipalité et quelques citoyens, avaient disparu. Le chiffre des dégâts occasionnés aux bâtiments des particuliers seulement s'éleva, d'après une estimation faite par rue et par maison, à 357,617 livres 17 sous 4 deniers. L'estimation des pertes en marchandises dépassa 4 millions. Enfin, un grand nombre de victimes avaient trouvé la mort dans les flots.

A partir du jour de l'inondation, les communications entre Roanne et le Coteau restèrent interrompues. Des plaintes surgirent de toute part. L'administration supérieure, après six mois de réclamations, comprit enfin qu'il était impossible de laisser ainsi interceptée une route aussi importante que celle de Paris à Lyon. La construction d'un pont en pierre sur la Loire fut donc décidée en principe; il ne resta plus qu'à examiner dans quelles conditions ce travail devait être exécuté. C'était là la principale difficulté.

Vers la fin du mois de mai 1791, le directoire d'arrondissement demanda communication des plans et projets. M. de Varaigne était alors ingénieur en chef. M. Liard, dont tous les rapports avaient signalé le dévouement héroïque pendant l'inondation, était toujours sous-ingénieur pour l'arrondissement de Roanne.

Les premiers travaux que voulut faire exécuter l'ingénieur en chef avaient précisément pour but la reconstruction de la maudite levée entre l'Ile et le Coteau. Ce projet souleva une clameur universelle.

Le 29 mai, jour où M. de Varaigne fit connaître ses plans, le conseil municipal protesta contre « une intention si évidemment funeste aux intérêts de la ville de Roanne, qu'elle tendait à ruiner de fond en comble. » Cette protestation ne produisit aucun effet. Sans être venu sur les lieux se rendre compte par lui-même des terribles résultats de l'inondation, M. de Varaigne, irrité de la résistance et de la contradiction que rencontraient ses projets, écrivit à l'ingénieur chargé de la direction des travaux que sa résolution de rétablir la levée était *formelle et inébranlable.*

Cette lettre excita la plus dangereuse exaspération. Le conseil général de la commune se hâta d'adresser au directoire de département un mémoire pour demander la suspension de l'exécution d'un tel projet : « Le bon ordre et la tranquillité, disait-il, dépendent de ce sursis. Cette lettre a plongé notre ville dans la consternation. L'automne dernier, elle a été au moment d'être engloutie sous les eaux par l'effet de la levée construite en 1786, et, dans cet instant, on veut rétablir un obstacle au passage des eaux et nous mettre dans le cas de craindre, à la plus légère crue, de voir renaître des événements encore plus désastreux que ceux que nous avons éprouvés! Après la cruelle épreuve que nous avons faite au mois de novembre dernier, après avoir vu le quartier du Créux-Granger détruit par le refoulement des eaux, après avoir vu tous les murs de soutènement détruits et abîmés, dans le moment où les désastres faits dans les habitations qui bordent le quai des Charpentiers existent encore, après avoir eu le malheur de voir le pont entraîné par l'immense quantité d'eau que l'inondation charriait avec elle et qui ne trouvait d'autre issue que la voie du pont, l'on ordonne, sans aucune réparation préalable, que cette levée se refera à la hauteur de 15 pieds!

« Non, Messieurs, vous, sages représentants, vous ne souffrirez pas que le sujet de nos peines et de nos sollicitudes renaisse aussi promptement.

« Nous ignorons par quelle fatalité on affecte de chercher à nous nuire. Que l'ingénieur en chef vienne sur les lieux, qu'il entende nos concitoyens, qu'il adapte notre situation actuelle avec les dangers qu'il veut nous faire courir; son voyage fait partie de ses fonctions; il sera à même de juger si nos craintes sont chimériques et si notre situation est alarmante... »

En même temps le conseil envoyait sa protestation et son mémoire à M. de Nompère pour qu'il les soumît au ministre de l'intérieur et à l'Assemblée nationale. Il réclamait l'envoi sur les lieux d'un inspecteur général, puisque les désastres de l'inondation n'avaient pas même pu déterminer M. de Varaigne à les visiter.

M. Populle, maire, dut se rendre à Lyon auprès du département. Sur ses sollicitations, M. Commarmond, chargé des travaux publics, pria M. de Varaigne de venir au directoire discuter avec M. Liard leurs projets respectifs. M. de Varaigne refusa, sous prétexte d'une indisposition. M. Populle se rendit alors lui-même chez M. de Varaigne, mais jamais il ne put arriver jusqu'à lui. L'ingénieur en chef n'entendant discuter avec personne et ayant résolu, à tort ou à raison, avec ou sans examen, que la levée devait être reconstruite, considérait son honneur comme engagé dans la question. Le maire de la ville de Roanne, ainsi éconduit, revint après avoir complétement échoué dans sa mission. M. de Varaigne envoya en effet ses plans au comité central des ponts et chaussées, où M. Liard fit également parvenir les siens.

Telle était l'irritation des esprits contre le projet de reconstruction de cette levée, telle était l'évidence de ses funestes effets, telle était encore la certitude du retour des mêmes désastres si l'on s'obstinait à en rétablir les causes, que les autorités durent craindre de voir la population s'opposer par la violence à l'exécution du projet abhorré. Du reste les autorités partageaient la même irritation. Ainsi, peuple, notables, municipalité, conseil d'arrondissement et directoire, toutes les autorités unies à la population protestèrent avec une énergie pleine de menace. Quelle que fût l'obstination de M. de Varaigne, le gouvernement se vit obligé de le sacrifier. Il déclara donc que la jetée ne serait point rétablie.

Mais, après l'abandon du projet de la levée, il restait toujours la question de savoir comment et où serait construit le nouveau pont. La ville de Roanne devait encore à ce sujet se heurter contre l'hostilité implacable et systématique de M. de Varaigne. M. Liard venait d'être éloigné de Roanne, mais l'adoption de son plan était désirée par la population entière. Ce plan consistait à rétablir, autant que possible, l'état des choses tel qu'il existait avant la déplorable administration de M. de Varaigne, en 1786. Il construisait, lui, deux ponts sur les deux lits de la Loire, le plus important entre l'Ile et Roanne, et le second entre l'Ile et le Coteau. Un éperon, solidement édifié, devait protéger la pointe de l'Ile et les culées des deux ponts.

M. de Varaigne proposait, au contraire, la construction d'un seul pont de sept arches entre l'Ile et le Coteau et l'établissement d'une levée entre l'Ile et la ville. Ce projet offrait d'immenses inconvénients ; il fut critiqué avec une amertume dont on verra plus loin les raisons.

A la demande de la municipalité, un inspecteur général vint à Roanne. A son arrivée, il demanda un mémoire explicatif des vœux de la ville. La municipalité, avant de remettre ce mémoire, consulta la population et fit voter les sections sur les deux plans. L'unanimité des électeurs, moins une seule voix, réclama l'adoption du plan dressé par M. Liard.

Ainsi assurée d'exprimer les vœux de la population, la municipalité déposa son mémoire entre les mains de l'inspecteur général. En voici quelques passages :

« Il est à la connaissance de toute la ville qu'avant 1786 les deux ponts en bois avaient une ouverture, pour l'écoulement des eaux, de 128 toises[1]. Pendant trente-cinq années qu'ils ont existé, les citoyens n'ont éprouvé dans aucun quartier de ces événements malheureux occasionnés par le rétrécissement du passage des eaux. Elles sont montées, le 11 novembre 1790, à une hauteur de 22 pieds[2]. L'expérience acquise démontre donc la nécessité d'un débouché pour les eaux qui soit dans la proportion de 126 toises[3]

[1] 249^m,47.

[2] 7^m,146.

[3] 245^m,57. L'espace ménagé sous le pont actuel n'est que de 103^m,66. Le projet de M. Liard laissait un passage de 250 mètres.

sur 4 de haut, sans y comprendre l'épaisseur et la hauteur des piles et naissances des voûtes...

« M. Liard a présenté son plan au conseil général de la commune; les citoyens qui le composent ont été pénétrés des avantages qu'il offrait à la ville, et c'est pour cela qu'ils en désirent l'exécution.

« L'on a su vaguement que le projet de M. de Varaigne tendait à faire un pont éloigné de 106 toises de la ville, qui aurait sept arches de 75 pieds chacune, et que le devis estimatif montait à la somme de 2,400,000 livres. Celui de M. Liard n'allait qu'à 1,450,000 présentant une dépense de 950,000 livres en moins, ce qui est une économie bien réelle. De ce premier avantage, il en résulte un second qui tourne, ainsi que le premier, au bien général. La législature décrétant, chaque année, une somme déterminée pour les grands travaux d'art, il s'en suit que l'on hâtera l'entière confection du pont de trois ou quatre ans, jouissance incalculable, et qui sera bien sentie, soit par cette ville, soit par le commerce général du royaume.

« Les citoyens ne peuvent exprimer un vœu sur le projet de M. de Varaigne, puisque cet ingénieur n'en a donné connaissance à aucun des administrateurs du département, et que, malgré les ordres précis qu'il a dû recevoir de M. le premier ingénieur, il s'est constamment obstiné, depuis plusieurs années, à ne pas paraître sur des travaux que, par état, il est fait pour surveiller. Ils se tairont sur cet objet et déduiront seulement à M. l'inspecteur général les motifs qui les déterminent pour deux ponts.

« Ils les réduisent tous à la conservation de leurs établissements de commerce et de leurs chantiers.

« La rivière de Loire, dans les eaux basses ou ordinaires,

passe en entier entre la ville et l'Ile. C'est sur la rive gauche de ce fleuve que se trouvent tous les chantiers qui fournissent les bateaux nécessaires au chargement de toutes les marchandises qui s'exportent sur la Loire jusqu'à son embouchure, ou jusqu'à Paris par le canal.

« Par le plan de M. de Varaigne, l'éloignement de 106 toises du lit de la rivière rend absolument nuls tous les établissements de ce quartier qui doivent être sur un chantier élevé attenant à la Loire, et qui ne pourront être transportés plus loin, puisque le lit actuel de la Loire doit toujours subsister pour l'écoulement des eaux du Rénaison qui se jetteront dans la Loire en aval du pont, en passant sous une autre arche construite dans la chaussée de 106 toises de longueur entre la ville et la Loire.

« La rive droite de la Loire est le côté de l'Ile qui a, depuis des siècles, servi de magasins de dépôt et lieux d'embarcation pour toutes les marchandises qui venaient de Saint-Etienne et des départements méridionaux. M. de Varaigne, en éloignant la Loire de 106 toises de la ville, la transporte au milieu de l'Ile et prend à peu près les deux tiers de ce quartier pour la formation du lit du fleuve. Tous les établissements de cette partie se trouvent donc sacrifiés; les magasins deviennent inutiles; les chantiers, les ports sont abandonnés, et les négociants forcés de transporter ailleurs leurs établissements. De là des frais immenses qui peuvent entraîner la ruine de plusieurs familles, et donner lieu à une foule d'indemnités très-coûteuses pour le trésor public.

« La partie restante de l'Ile, désormais réduite à une langue de terre très-étroite, sera presque enterrée sous les quais et ne pourra plus être d'aucune utilité aux propriétaires, qui se verront forcés d'abandonner des habitations importantes.

« De ces observations, il résulte que le projet d'un seul pont, éloigné de 106 toises de la ville, anéantit tous les établissements riverains, ruine absolument les propriétaires et réduira, pendant un temps infini, le commerce à un état languissant dont il ne pourra jamais se relever peut-être.

« Il est encore une raison de grande police qui s'oppose nécessairement au projet de M. de Varaigne : c'est la salubrité. Comment peut-on concevoir qu'un ruisseau, tel que celui du Renaison, qui, dans les chaleurs de l'été, n'a souvent que deux pouces d'eau, puisse nettoyer l'emplacement actuel de la Loire qui va devenir le réceptacle de toutes les immondices de la ville ?

« Le projet des deux ponts présente, au contraire, des avantages incalculables. Tous les établissements de commerce conservés, les propriétés respectées, une diminution considérable dans la dépense, une jouissance plus prompte pour le commerce général du royaume : telles sont les raisons que les citoyens de la ville de Roanne présentent à M. l'inspecteur général. Sa justice leur est un sûr garant qu'il les pèsera avec maturité, et que le rapport qu'il fera au comité central sera en faveur de la ville. »

Malgré toutes les raisons contenues dans ce mémoire, le projet de M. de Varaigne, soutenu par ce dernier avec une incroyable ténacité, fut adopté par le comité central avec quelques modifications de détail seulement.

L'adjudication des premiers travaux fut faite au citoyen Bompart. La première année, 154,353 livres furent dépensées, sans que les fondations eussent pu s'achever. On avait espéré pouvoir élever au-dessus de l'eau les piles et les culées dans le cours de 1792, mais les crues fréquentes de la Loire, la disette d'ouvriers, l'abondance des infiltrations et l'imperfection des moyens d'épuisement, retardèrent longtemps les progrès de cette œuvre importante.

Pendant le terrible hiver de 1795, un pont de glace vint remplacer le service du bac. Plusieurs personnes périrent en voulant passer pendant les premiers jours de la formation de ce pont naturel. Toute communication fut interrompue. Les courriers ne purent pas plus passer que les autres; le maître de poste perdit un jour huit chevaux en essayant de traverser la Loire pour envoyer une dépêche importante.

Les travaux du pont, suspendus pendant chaque hiver, reprirent avec une certaine ardeur en 1796. Six mille prisonniers autrichiens, prussiens, piémontais, se trouvaient internés à Roanne : on en fit travailler un certain nombre.

Enfin, en 1798, quelques citoyens énergiques résolurent d'en finir avec une telle situation. Ils se cotisèrent entre eux, obtinrent de l'administration de prendre des bois dans les biens des émigrés, et firent des souscriptions publiques pour construire un pont provisoire destiné aux piétons et aux voitures légères. Chose étonnante, cette seconde tentative parvint à réussir. Le pont fut achevée entre Roanne et l'Ile pendant l'année 1799. Il ne fut détruit qu'après 1830.

En 1802, M. Tardy, voyant avec douleur la lenteur avec laquelle on travaillait à la construction du pont, résolut de contribuer pour sa part à son achèvement. Il adressa à Bonaparte la fameuse épître en vers, dans laquelle il mit la Lozère au nombre des fleuves illustrés par les armes de la France.

Hélas! les vers de M. Tardy n'eurent pas le pouvoir de distraire du budget les quelques centaines de mille francs nécessaires; les travaux du pont furent interrompus en 1803. Le radier était seul complétement achevé; les piles sortaient de l'eau. Aucun travail ne se fit de 1803 à 1810.

Le 15 mars 1810, l'empereur fit allouer d'importants crédits, et l'on put espérer que les travaux allaient enfin toucher à leur terme. Vain espoir; l'empire ne devait pas les voir achever.

En 1814, en effet, Napoléon Ier, après son abdication, passa à Roanne pour se rendre à l'île d'Elbe. Les dernières clefs de voûte n'étaient pas encore toutes placées, et l'empereur put à bon droit s'étonner de ce retard.

Après le retour de l'île d'Elbe, une députation se rendit à Paris porter une adresse de la municipalité à l'empereur. La députation fut introduite, et l'empereur reconnut M. Populle qu'il n'avait pourtant vu qu'une seule fois. « Eh bien! lui dit-il, et mon pont, où en est-il? » Trait singulier, qui peint admirablement la prodigieuse mémoire de Napoléon Ier, et la facilité avec laquelle il embrassait les plus petits détails, alors même que l'Europe entière liguée contre lui semblait devoir absorber exclusivement toutes les facultés de son génie.

En 1817, M. Tardy, nommé maire en remplacement de M. Populle, envoya une deuxième adresse en vers à Louis XVIII, pour le supplier de faire achever cette œuvre interminable et pourtant d'une utilité si incontestable; mais cette adresse ne parvint pas au roi. M. Tardy raconte lui-même que le ministre de l'intérieur qui la reçut la plongea dans les insondables profondeurs du panier à rebut, où peut-être elle gît encore. Aussi les piles et les voûtes ne reçurent-elles leur couronnement et leur entablement que l'année suivante, en 1818.

Enfin, le 30 décembre 1830, on passait une dernière adjudication de 120,000 francs pour les abords du pont et la construction d'une levée entre l'Ile et Roanne.

En 1834, le pont était terminé dans toutes ses parties. Il avait coûté environ 3,500,000 francs et dépassé le devis de M. de Varaigne d'environ 1,100,000 francs, sans compter les indemnités accordées aux propriétaires de l'Ile dont on prenait le terrain, et dont le chiffre nous est inconnu.

La construction du pont de pierre actuel sur la Loire a donc rencontré une vive opposition de la part de toute la population roannaise. Les événements devaient malheureusement justifier cette opposition. Depuis cette époque, la marine est allée en dépérissant chaque année. Les quartiers des Charpentiers et de l'Ile ont perdu toute valeur; la ville s'est retirée de ces points dangereux pour se porter sur des lieux plus élevés. La création du bassin du canal est venue, il est vrai, atténuer un peu les inconvénients des plans de M. de Varaigne, mais il était trop tard, et un dégrèvement d'impôts reconnu nécessaire et opéré, il y a deux ans à peine, montre à quel degré de misère sont tombés ces quartiers si florissants jadis. Au reste le danger des inondations était toujours imminent, et l'année 1846 devait prouver d'une manière bien terrible la justesse des prévisions du conseil municipal de 1791. Le pont ne leur laissant pas un passage suffisant, les eaux envahirent la ville, emportèrent la levée, reprirent possession de leur ancien lit, et renouvelèrent les désastres de 1790. Les souvenirs de cette catastrophe sont encore trop présents à la mémoire de tous pour que nous en fassions le triste récit. Constatons seulement que les eaux s'élevèrent à 7^m,54, c'est-à-dire à 40 centimètres de plus qu'en 1790. Cette augmentation fut le résultat des dégradations de la digue de Pinay qu'on avait laissée sans aucune réparation depuis 1790. Elle eut deux autres causes dont nous devons parler, puisqu'elles existent toujours.

Lors de la création du canal, un barrage fut établi dans le lit de la Loire pour former la prise d'eau nécessaire. Malheureusement ce barrage ne fut pas établi *mobile* sur toute la largeur du fleuve. Plus de la moitié fut construite en solides moellons à une hauteur de plus d'un mètre au-dessus du niveau des eaux. Or, placée en aval du pont, cette digue malencontreuse fit refluer les eaux en arrière, diminua leur écoulement et par suite le débit du pont de Roanne.

Dans les plans de M. de Varaigne, les levées en aval du pont ne devaient pas être prolongées à plus de 90 mètres. La Loire, trouvant alors l'immense plaine de Perreux ouverte à sa droite, pouvait s'y jeter immédiatement par une pente de 1^m,80 et la couvrir de ses eaux[1]. Mais, en 1829, M. Pascal, ingénieur, fit prolonger la levée de droite de 1540 mètres. Par des motifs inexpliqués, on n'accordait qu'une longueur de 327 mètres à la levée de la rive gauche : de cette manière on rejetait sur le quartier des Charpentiers les eaux dont on préservait à grands frais les cailloux de la rive droite et les prairies de M. Tardy. Cette singularité du gouvernement de la restauration fut un peu réparée après 1830; la levée de gauche, prolongée telle qu'elle existe, protégea désormais le bassin et le bas de la ville. Toutefois, toujours par une anomalie incompréhen-

---

[1] Dans la crue de 1866, le niveau de l'eau était, en face du barrage, à 1^m,80 plus bas à droite de la levée que dans le lit de la Loire.

sible, cette levée fut encore laissée à un niveau inférieur à celle de la rive droite.

L'on comprend néanmoins l'effet produit par ces deux levées. Les eaux emprisonnées entre ces deux longues murailles conservent pendant 900 mètres le même niveau, à peu de chose près, qu'elles ont au sortir du pont. Elles ne trouvent leur véritable chute qu'après le barrage. Si, au contraire, elles pouvaient se répandre dans la plaine immédiatement au bas de Pincourt, l'abaissement de niveau qui se produirait sous le pont en augmenterait considérablement le débit.

Ainsi donc les dégradations de la digue de Pinay, la construction d'un barrage fixe sur près des deux tiers du lit de la Loire, et l'édification de la levée de Pincourt, avaient encore aggravé la fâcheuse situation créée par M. de Varaigne.

Les inondations de 1837 et de 1841 ne tardèrent pas en effet à signaler les graves inconvénients de ces divers travaux ; celle de 1846 en acheva la fatale démonstration.

Après cette catastrophe de 1846, les hommes les plus intelligents de nos pays se mirent à rechercher les moyens de prévenir le retour de pareilles calamités. MM. Rongier, ancien maire de Roanne, du Marais, colonel, ancien élève de l'École polytechnique, Varinard, de Viry, Boullier, aujourd'hui maire de la ville de Roanne, Vauthier, ingénieur en chef de la navigation de la Loire, et bien d'autres, prirent part à une discussion aussi ardente qu'interminable. Les uns demandaient la suppression entière de l'Ile, la construction de deux ou trois arches sur l'ancien lit de la Loire, et le transfert du bassin dans les bas-fonds des Vies-Vieilles et de la Fontquentin ; d'autres proposaient la destruction du barrage fixe, le redressement du lit de la Loire au-dessus du pont, etc., etc. Une foule de projets furent émis et discutés. Tous avaient le même but : d'accroître le débit du pont.

Le débouché est insuffisant, voilà quelle était l'opinion unanime, le cri universel. Cette insuffisance fut d'abord énergiquement contestée par M. Vauthier, ingénieur en chef; puis, à la fin, il se vit forcé d'avouer : « Qu'il n'avait pas entendu dire que l'ouverture des arches du pont de Roanne fût suffisante pour le passage des eaux de la Loire dans ses plus grands débordements; qu'il demandait, *lui aussi*, l'augmentation du débouché des grandes crues de la Loire à Roanne, sur tous les points où cette augmentation serait reconnue nécessaire. »

Cependant l'administration ne se pressait pas d'arrêter ses projets de travaux. Six mois s'étaient écoulés depuis le jour de l'inondation; on était au commencement du printemps, et les ingénieurs ne paraissaient nullement s'occuper d'adopter un plan quelconque. Le 1er avril 1847, le conseil municipal se vit donc obligé d'envoyer à Paris un député chargé « de solliciter de l'administration des ponts et « chaussées l'exécution de travaux qui puissent présenter « des garanties suffisantes pour l'avenir de la ville. »

M. Boullier, chargé de cette délicate mission, obtint plusieurs audiences du ministre des travaux publics, et, après lui avoir expliqué de vive voix les dangers qui menaçaient la ville de Roanne, et les vœux que formaient ses habitants, il lui laissa une note qui les résumait ainsi :

« ... Nous regardons comme indispensable l'élargissement « du pont actuel, et nous croyons que cet élargissement « doit être de deux ou trois arches. Dans l'inondation du « mois d'octobre dernier, plus d'un tiers du volume d'eau

« de la Loire a coulé en dehors du pont... Cette insuffisance
« du débit du pont, manifeste pour tous les spectateurs,
« a été d'abord vivement contestée par M. Vauthier, ingé-
« nieur en chef de la navigation de la Loire; il a déclaré
« verbalement et écrit plusieurs fois, dans les deux jour-
« naux de la localité, en s'appuyant sur des données plus
« ou moins sûres, que l'ouverture du pont était assez
« grande pour laisser passer un volume d'eau au moins
« égal à celui de la dernière crue. M. Vauthier est aujour-
« d'hui complétement revenu de son premier sentiment, et
« son opinion, relativement à l'insuffisance du pont et à la
« nécessité de créer des arches supplémentaires, est tout à
« fait conforme à celle des habitants de la ville, qui n'ont
« jamais, à aucune époque, hésité un instant sur la solu-
« tion de la question...

« ... Nous demandons en outre, Monsieur le Ministre,
« 1° l'exhaussement de la digue de Pinay; 2° le rétablisse-
« ment de la levée d'enceinte à une hauteur de 8^m,50 au-
« dessus de l'étiage du pont et à 10 mètres de couronne-
« ment; 3° la rectification du lit de la Loire en amont du
« pont, et l'arrasement de la levée de la rive droite en aval,
« de telle sorte que cette levée soit construite à un mètre
« au moins au-dessous de celles d'amont et d'aval de la
« rive gauche, la levée de droite ne garantissant que des
« terrains, et celle de gauche devant préserver des pro-
« priétés bâties et la vie des habitants...»

La démarche du conseil municipal et les sollicitations de
M. Boullier firent hâter la présentation des plans des ingénieurs, et, le 16 juin 1847, un mémoire explicatif des projets de travaux arrêtés fut livré à la publicité.

L'administration ne voulait pas entendre parler de la

construction d'arches nouvelles, aussi s'efforçait-elle de déclarer la complète suffisance du débit du pont et l'inutilité absolue de l'adjonction d'aucune arche. Voici ce que disait le mémoire à ce sujet :

« Ce pont, composé de sept arches de 23^m,38 d'ouverture chacune, offre un débouché total de 1297^m,97 en supposant son radier à nu sur toute sa longueur. Le volume des eaux qui passaient sous ce pont au plus fort de la crue, calculé par une méthode dont on ne peut mettre l'exactitude en doute, a été trouvé de 5400 mètres cubes par seconde. Nous avons dit que le débouché total du pont est de 1297^m,97, la section occupée par les sables est de 218^m,60 ; en outre, au plus fort de la crue, il restait, entre la surface des eaux et l'intrados des voûtes à la clef, une distance de 1^m,08 à l'amont. Il en résulte que la section des arches restée libre au-dessus des eaux était de 61^m,17. »

Ainsi, de l'aveu du mémoire, par suite des atterrissements, l'eau qui passait sous le pont de Roanne ne laissait de libre qu'un espace de 61 mètres ! Or, d'après l'estimation des mêmes ingénieurs, il passait en dehors du pont 1200 mètres cubes d'eau, nécessitant un débouché de 226^m,41 de plus. Ce qui revient à dire qu'en supposant le pont complétement libre, sans un seul gravier pour l'encombrer, en ne supposant que ces 6600 mètres cubes d'eau indiqués par les ingénieurs, en admettant toujours la vitesse indiquée par eux de 5^m,30 par seconde, en un mot, en acceptant leurs propres calculs, il résulte que, si la Loire tout entière avait été forcée de passer sous le pont, il n'y aurait eu que 53^m,36 de libre ! C'est-à-dire encore que le pont ne peut débiter que 6900 mètres cubes d'eau coulant avec une vitesse moyenne de 5^m,30 par seconde.

« Le volume des eaux, dit le rapport, qui passaient hors du pont peut être évalué à 1200 mètres cubes par seconde. En admettant que ce volume eût coulé avec la vitesse moyenne qu'avaient les eaux sous le pont, il lui aurait fallu un débouché de 226^m,41, c'est-à-dire que si le dépôt des sables de la rive droite n'eût pas existé, et si les eaux qui passaient hors du pont y avaient eu leur écoulement, sans que ces deux causes eussent fait varier la vitesse, le niveau de la crue du 18 octobre 1846 eût été sensiblement égal à ce qu'il a été. »

Très-bien d'après ces calculs, et si le dépôt des sables n'eût pas existé ; mais s'il eût existé, comme il existe encore, comme il existait toujours au lendemain même de l'inondation, que serait-il arrivé ? Mais si, au lieu de 1200 mètres cubes, que M. l'ingénieur trouve modestement, en dehors du lit de la Loire, le chiffre réel avait été de 1500, ou de 1900 comme le trouve M. l'ingénieur Boulangé, ou de 2000 selon M. Gruner, que serait-il arrivé ? Le mémoire oublie de le dire, ou plutôt comme il prévoit très-bien l'objection, il se hâte d'ajouter que la vitesse des eaux eût été bien plus considérable et que tout aurait facilement passé.

Ainsi, d'après les calculs mêmes de MM. Bontoux et Vauthier, il n'était resté sous le pont que 53^m,36 d'espace libre, c'est-à-dire que 300 mètres cubes d'eau dans la Loire auraient obstrué complétement les ouvertures du pont et auraient contraint l'inondation à passer par-dessus !

Certes, ces chiffres étaient-ils propres à rassurer les populations ? Évidemment non, car tous les esprits que l'on cherchait à convaincre comprenaient très-bien que MM. les ingénieurs avaient arrangé et groupé leurs chiffres pour le soutien de leur thèse ; ils savaient très-bien que le pont ne pourrait jamais être complétement débarrassé des graviers qui l'obstruaient, ce que les ingénieurs aimaient à supposer ; ils savaient fort bien que le chiffre de 1200 mètres cubes, volume des eaux coulant hors du pont était bien au-dessous de la vérité. Certes l'opinion publique n'avait pas tous les torts de douter de l'exactitude des résultats donnés par le mémoire officiel; car, au lieu de 6600 mètres cubes, M. l'ingénieur en chef du département Boulangé en trouvait, lui, d'après les calculs mêmes de M. Vauthier, la quantité effroyable de 7300 ! L'illustre M. Gruner en trouve même, toujours dans les calculs de M. Vauthier, 7400 ! Or, 7400 mètres cubes d'eau par seconde, coulant même avec une vitesse de plus de 6 mètres, passeraient-ils sous le pont? Évidemment non. Les ingénieurs, du reste, comme effrayés du résultat de leurs propres calculs, se hâtaient d'ajouter que les travaux à faire, et surtout le redressement du lit du fleuve, allaient donner aux eaux un écoulement bien plus rapide. Très-certainement le débit du pont devait en être considérablement augmenté; néanmoins ce ne fut pas sans un douloureux effroi que l'on vit le mémoire repousser nettement la question d'agrandissement du pont, et la ruine ou le salut de la ville ne tenir plus désormais qu'à quelques centaines de mètres cubes d'eau de plus ou de moins.

Le mémoire promettait le redressement du lit de la Loire, de façon à amener les eaux du fleuve dans une ligne perpendiculaire au pont, l'élévation de la levée d'enceinte, et la construction d'un épi submersible de la levée de droite à la troisième pile. Il déclarait qu'aucun travail ne pourrait être fait en aval du pont.

L'enquête fut ouverte. Le conseil municipal protesta

contre la construction de deux levées parallèles sur enro-
chement en sable fin sans adhérence et revêtues d'un perré
seulement en pierres sèches ; contre le peu de largeur du
couronnement des levées ; contre l'épi à construire au-
dessus du pont, qui aurait nécessairement pour effet de déterminer des atterrissements ; contre le maintien du barrage
fixe et enfin contre le refus d'accorder des arches supplémentaires. L'avis du conseil terminait ainsi : « Les réclamations de la ville doivent mériter d'autant plus de faveur,
qu'antérieurement aux travaux exécutés par l'*administration* des ponts et chaussées et détruits dans le mois d'octobre, le fleuve avait deux lits dont un a été complétement
supprimé par elle, et que cette suppression a été la cause
principale des désastres que Roanne a soufferts... »

Enfin la commission d'enquête composée de MM. Gubian,
Bousson, ingénieur du chemin de fer, le comte Anglès,
Boullier, Geoffroy, Devillaine, Premier et Guillien, demandait principalement la construction de trois arches entre le
pont et la ville, l'arrasement de la levée de droite (en aval
du pont) au niveau du sol, la substitution d'un déversoir
oblique à l'ancien déversoir du barrage mobile, la consolidation de la levée de gauche entre le bassin et la Loire, et
enfin l'exécution à la digue de Pinay de travaux ayant pour
but de la consolider et d'accroître son effet utile.

Les vœux du conseil municipal, de la commission d'enquête et de la population, étaient, on le voit, à peu près
semblables. Malgré les réclamations de la ville de Roanne,
l'administration ne modifia que très-peu l'ensemble de son
projet.

Les travaux commencèrent à la fin de juillet. Le lit de la
Loire fut redressé en amont, l'épi en pierre qui a produit

le malheureux amoncellement de gravier prédit par le conseil fut édifié, enfin le barrage fixe fut refait obliquement à son déversoir. Plus tard, après 1856, on fit élargir et élever la levée de la rive gauche, en aval du pont, et très-probablement cet élargissement a évité à Roanne une uvelle catastrophe en 1866.

Le 25 septembre 1866, en effet, une nouvelle inondation venait encore ravager les quartiers bas de la ville. Une crue de 6 mètres renversait la digue d'enceinte, en face du moulin Pitre et reprenait possession, encore une seconde fois, de l'ancien lit d'où M. de Varaigne et ses successeurs avaient prétendu la bannir à jamais. La levée qui sépare le bassin de la Loire et exhaussée en 1856 avait fléchi sur une longueur de plus de 100 mètres. Le pont ouvert pour le passage du chemin de fer de raccordement était ruiné, et un nouveau tribut de 350,000 francs de dommages pour les particuliers était à inscrire au bilan des budgets périodiques que la ville de Roanne paraît condamnée à payer aux caprices de la Loire.

Cette fois encore, l'administration s'est empressée de promettre les travaux nécessaires pour mettre la ville de Roanne définitivement à l'abri. Ce serait temps et ce serait juste à la fois.

Après l'inondation de 1866, la même incrédulité sur la suffisance du débit du pont s'est manifestée, les mêmes demandes d'accroissement du nombre des arches se sont renouvelées, les mêmes réclamations contre l'épi et le barrage fixe se sont réitérées.

Venons à notre tour reprendre la lourde tâche qu'avaient entreprise nos prédécesseurs, et, sans nous laisser décourager par l'insuccès de leurs efforts, continuons à réclamer, pour nous et ceux qui nous suivront, ce qu'ils avaient demandé pour eux et leur postérité.

Il s'agit aujourd'hui de rechercher s'il existe des moyens à employer pour mettre la ville définitivement à l'abri des inondations.

Eh bien! ces moyens existent, ils sont simples, d'une efficacité radicale, et nous devons en demander énergiquement l'emploi au gouvernement.

Nous continuons à réclamer :

1° L'augmentation du débouché laissé aux eaux de la Loire, débouché dont l'insuffisance est, pour nous, incontestable. Les ingénieurs ont supprimé un des lits du fleuve, nous persistons, comme tous ceux qui nous ont précédés, à demander qu'ils réparent la faute qu'ils ont commise ;

2° La suppression de l'épi si justement condamné par l'administration municipale de 1847, qui en prédisait parfaitement le fâcheux effet ;

3° La suppression des deux abreuvoirs qui, presque au débouché du pont, viennent rétrécir le lit de la Loire de plusieurs mètres de largeur et diminuer la facilité d'écoulement des eaux ;

4° Le changement du barrage fixe en un barrage mobile qui pourrait rester levé en temps ordinaire, mais aussi qui pourrait s'abaisser lorsqu'une forte crue serait signalée ;

5° Enfin la consolidation des levées actuelles qui préservent la ville, et notamment l'exhaussement de la levée, qui existe entre le bassin du canal et la Loire, à un niveau non-seulement égal, mais supérieur à celui de la rive droite, la ville de Roanne nous paraissant mériter qu'on la protége un peu plus que les marécages de la rive droite.

Voilà les remèdes locaux que la ville doit réclamer avec instance à l'administration.

Quant au palladium, quant à ce moyen radical, souverain, dont nous avons parlé, il est à la digue de Pinay.

Ici le point de vue s'élève, l'horizon s'agrandit, l'intérêt devient immense : c'est une grande question d'État. Ce n'est plus de Roanne qu'il s'agit, ce n'est même plus de notre arrondissement; c'est la richesse et la sécurité de plus de cinquante villes et de plus de vingt départements qui sont en jeu. Oui, nous devons nous efforcer de faire connaître à toute la basse Loire l'existence et le rôle de la digue de Pinay. Nous devons éclairer les maires de toutes les villes que la Loire inonde, les administrations de tous les arrondissements, de tous les départements qu'elle traverse, de Roanne jusqu'à Nantes; nous devons faire de la lumière autour de ce monument élevé pour notre salut par des hommes intelligents et trop oubliés; nous devons en signaler partout le but et les effets, nous devons en un mot chercher à soulever, en faveur de sa conservation et de son achèvement, les innombrables populations qui y sont intéressées.

Qu'on nous permette ici de tracer en quelques mots l'histoire de ce monument encore si peu connu; l'histoire n'est-elle pas la leçon que donne le passé au présent et à l'avenir?

En 1702, la compagnie Lagardette, qui avait le monopole de la navigation sur la Loire, fit sauter à la mine des quantités énormes de rochers qui gênaient le passage des bateaux. Mais ces rochers qui barraient et empêchaient l'écoulement des eaux, avaient leur utilité. Après leur destruction, les moindres crues de la Loire opérèrent sur ses rives des ravages considérables. Sur les plaintes qui surgirent de toute part, Louis XIV ordonna aux ingénieurs Poictevin et Mathieu de visiter les lieux, et de proposer les moyens propres à remédier à cette funeste situation. Les ingénieurs étudièrent les bords et les courants de la Loire et proposèrent l'édification de trois digues transversales insubmersibles, l'une au lieu appelé Pinay, l'autre au château de la Roche, l'autre à Saint-Maurice.

« Au lieu de 60 toises de largeur, que la rivière a dans
« ses débordements, disait l'ingénieur Mathieu, elle sera
« réduite à 9 toises et demie, à la hauteur de 50 pieds, ce
« qui doit causer un retard considérable, en sorte que les
« eaux des rivières au-dessus qui tombent dedans seront
« soutenues, ce qui rendra les terres meilleures par les
« dépôts des limons qui engraisseront les héritages de la
« plaine; *au lieu que sa rapidité trop précipitée depuis*
« *l'enlèvement des rochers entraîne leurs terres,* et fait une
« plus prompte jonction avec la rivière de l'Allier qui y
« afflue au-dessous de Nevers. »

Une première digue fut donc construite à Pinay sur l'emplacement et les ruines d'un pont romain, le 16 juillet 1711.

Depuis cette époque, le souvenir de sa destination s'était complétement perdu. Ignoré au milieu de montagnes inaccesibles, ce colossal rempart ne tarda pas à devenir une riche carrière, où les habitants du voisinage venaient puiser. Les dalles en pierre de Régny qui recouvraient toute la digue disparurent bientôt; les inondations firent des dégradations que personne ne put songer à réparer. La crue de 1790 surtout lui occasionna de graves dommages.

En 1846, la digue, considérablement diminuée de son

élévation primitive, laissa passer une quantité énorme d'eau, et nous avons dit que ce fut là une des causes d'aggravation de l'inondation de 1846.

Dans le cours de 1847, M. Varinard, conseiller d'arrondissement, appela le premier l'attention publique sur la digue et publia plusieurs articles à ce sujet. On retrouva, grâce à M. Auguste Bernard, les arrêts du conseil du roi qui en ordonnaient l'érection et qui en expliquaient le but. Bref, la lumière commença à se faire, et le conseil municipal, ainsi que le *conseil général* du département, demandèrent qu'on y fît les réparations nécessaires. Malgré cette demande, le mémoire des ingénieurs Bontoux et Vauthier n'y fit pas la moindre allusion.

Heureusement, M. Boullier avait pu entretenir le ministre des travaux publics de l'utilité et de l'heureux effet de la digue de Pinay, et avait appelé son attention spéciale sur ce point. Frappé par cette communication, le ministre, M. Jayr, avait fait prendre des renseignements et demandé un rapport à M. Boulangé, ingénieur en chef du département. Le rapport fut on ne peut plus favorable. Le ministre prescrivit alors une étude approfondie des effets que produirait l'application du système des digues aux principaux affluents de la Loire, en amont du fleuve.

Les événements de février 1848 ne permirent pas de continuer ces études intéressantes, mais le rapport de M. Boulangé est trop significatif, trop important, la lettre de l'empereur Napoléon III à laquelle il a servi de base lui a donné un retentissement trop grand; enfin il appuie trop énergiquement l'opinion que nous voudrions voir prévaloir au sein du comité central des ponts et chaussées, pour que nous n'en reproduisions pas quelques passages.

« Les observations relatives à la Loire font ressortir, dit M. Boulangé, plusieurs faits qui paraissent extraordinaires; le plus remarquable, c'est que le maximum de la crue a eu lieu à Roanne, beaucoup plus tôt qu'à la digue de Pinay, quoique la digue soit à 33 kilomètres en amont de Roanne.

« Un autre fait également remarquable, c'est qu'à la digue de Pinay la crue a duré quarante-huit heures, qu'à Roanne elle a duré quatre-vingt-dix heures environ, tandis qu'au Pertuiset, situé en amont du département, elle n'a duré que vingt-quatre heures. Ces anomalies dans la marche des eaux proviennent des digues de Pinay et de la Roche, construites sur la Loire entre Balbigny et Roanne. Ces deux digues, ne laissant aux eaux qu'un passage de 20 mètres de largeur, ont arrêté leur écoulement naturel et ont formé, dans la partie basse de la plaine du Forez, un vaste réservoir où les eaux se sont emmagasinées, *non-seulement pendant toute la période croissante de la crue, mais encore pendant une partie de la période décroissante.*

« L'accumulation des eaux sur ce point y a abattu un certain nombre de maisons, mais en même temps elle a déposé, sur les terrains inondés, une couche de limon assez épaisse pour que, tout compensé, il soit parfaitement admis aujourd'hui qu'entre Feurs et la digue de Pinay l'inondation a fait plus de bien que de mal.

« Il y a lieu de faire une étude particulière des localités, pour savoir si les digues de Pinay et de la Roche diminuent réellement l'intensité des crues en aval.

« La disposition et le développement des affluents de la Loire et de l'Allier compris entre ces deux fleuves ne laissent aucun doute à cet égard. L'Allier et la Loire ne peuvent éprouver, en même temps, une crue extraordinaire, que lorsque la chaîne de montagnes qui les sépare reçoit une pluie d'orage sur ses deux versants; mais les affluents de la rive droite de l'Allier, et l'Allier lui-même, ont beaucoup moins de développement et une pente moyenne plus considérable que la Loire et ses affluents, jusqu'au Bec-d'Allier, au point où les deux fleuves se rencontrent; et il résulte de là que les eaux qui tombent sur le versant de l'Allier arrivent au Bec-d'Allier longtemps avant celles qui tombent sur le versant de la Loire[1]... »

« De ces observations il résulte que les digues de Pinay et de la Roche produisent dans tous les cas un bon effet; mais que, si ces digues étaient placées dans la vallée de l'Allier, elles pourraient peut-être augmenter les crues en aval du Bec-d'Allier, en faisant concorder en ce point les crues de l'Allier et de la Loire. »

Le volume des eaux retenu par la digue de Pinay, déduction faite de celui qui se serait trouvé entre Feurs et

---

[1] « La pente moyenne de l'Allier et de ses affluents est plus considérable que celle de la Loire. La plupart des affluents de la rive gauche de la Loire, en amont de Roanne, se dirigent d'abord du nord-ouest vers le sud-est, et font un grand contour avant de rejoindre la Loire qui descend du sud au nord et qui fait un contour très-prononcé près de Digoin.

« Les affluents de l'Allier, au contraire, prennent immédiatement la direction du sud au nord pour arriver au Bec-d'Allier, sans faire aucun contour. Les eaux qui tombent entre Ambert, Saint-Anthème et Montbrison, ont à parcourir environ 240 kilomètres pour arriver au Bec-d'Allier, lorsqu'elles suivent la vallée de la Loire, tandis qu'elles n'en parcourent que 185 en suivant l'Allier. Cette différence de 55 kilomètres représente, à raison d'une vitesse de 2 à 3 mètres à la seconde, une différence d'au moins cinq à six heures entre les crues de la Loire et celles de l'Allier. Si l'on prend les eaux qui tombent dans la partie sud du département de la Loire, la différence entre le parcours de la Loire et de l'Allier est d'environ 105 kilomètres. »

la digue, sans le remous occasionné par elle, a été calculé par M. Boulangé et trouvé de plus de 108000000 de mètres cubes ! Or, pendant combien de temps cette masse liquide a-t-elle été retenue en arrière ? Pendant seize heures trente minutes, dit M. Boulangé.

« Les eaux ont commencé à déborder dans la plaine, vis-à-vis Nervieux, le 17, à 4 heures du soir, et comme elles ne sont arrivées à leur maximum que le 18, à 8 heures et demie du matin, on peut admettre que le volume d'eau indiqué ci-dessus a été retenu dans une période de seize heures trente minutes.

« Si l'on compare ce volume à celui qui a passé à Roanne au moment du maximum de la crue et qui, d'après les calculs faits par M. Vauthier, ingénieur en chef de la navigation de la Loire, s'est élevé à 7300 mètres cubes à la seconde, on voit que, sans les digues de Pinay et de la Roche, ce volume *aurait pu être de moitié en sus de ce qu'il a été.*

« *Dans ce cas,* la crue aurait duré beaucoup moins longtemps ; mais comme les dommages proviennent surtout de la hauteur à laquelle les eaux s'élèvent, il est probable que *toute la partie inférieure de la ville de Roanne aurait été complétement détruite,* et que tout le littoral en aval aurait éprouvé des dommages beaucoup plus considérables encore que ceux que l'on a eu à déplorer. »

Et cependant cette crue, ainsi réduite, a occasionné pour 40 millions de dommages !

Mais cette preuve du retard apporté à l'écoulement des eaux ne serait peut-être pas suffisante. Constatons encore la marche de l'inondation de 1866 à Roanne ; ce nouvel exemple achèvera la démonstration.

Le lundi 24 septembre 1866, à la suite de pluies générales et torrentielles, toutes les rivières de nos pays étaient débordées; l'Oudan coulait à pleins bords; le Renaison était énorme et croissait avec rapidité; on apprenait, sur le soir, que le Rheins sortait de son lit et coupait la route de Roanne à Thizy. On se demandait à chaque heure des nouvelles de la Loire, mais le fleuve restait immobile.

Sur les 8 heures du soir, des dépêches apportaient des nouvelles désastreuses de l'Allier : Saint-Germain-des-Fossés était dans l'eau, le chemin de fer était coupé. La Loire conservait toujours le même niveau. La nuit du 24 au 25 s'écoula sans que la pluie eût cessé. Le 25, au lever du soleil, le Renaison couvrait de ses eaux toutes les prairies qui le bordent; le Rheins était monstrueux et couvrait toute la largeur de la vallée où il coule; le Sornin, la Teyssonne, toutes les rivières de nos pays avaient atteint les niveaux de 1846; le ruisseau le Fuyant coupait le chemin de fer; le débordement était général, mais la Loire restait toujours immobile. A 9 heures du matin, elle commençait à grossir sérieusement. A ce moment, on apprenait les désastres causés par le débordement de l'Allier. A 10 heures, la Loire s'élevait à 4^m,80. Mais déjà les rivières de nos pays commençaient à baisser. Le Renaison et le Rheins avaient perdu 1 mètre à midi. Le Sornin, la Teyssonne, le Trambouzan, l'Oudan, toutes nos rivières en un mot rentraient dans leur lit.

La Loire qui montait toujours atteignait enfin son maximum d'élévation, c'est-à-dire 6 mètres, à 5 heures du soir. A ce moment, elle rompait la levée d'enceinte et se précipitait au travers du Creux-Granger. Malgré la rupture de cette digue, elle conservait son même niveau pendant trois heures. En effet, de 5 heures à 6 heures, c'est toujours 6 mètres que marque l'échelle ; à 7 heures, c'est 5ᵐ,90 ; à 8 heures, 5ᵐ,85 ; à 9 heures, 5ᵐ,65 ; à minuit enfin, c'est encore 5ᵐ,50.

Ainsi le lac formé par la digue de Pinay mettait huit heures à s'écouler et, après ce laps de temps, le torrent n'avait perdu que 50 centimètres d'élévation !

Voilà pour l'écoulement. Mais si l'on considère que les eaux ont mis de 9 heures du matin à 5 heures du soir, c'est-à-dire huit heures à remplir la plaine de Balbigny, on verra que c'est encore un retard de seize heures que la digue a apporté dans la marche de l'inondation ; on verra que, sans elle, le maximum de la crue serait arrivé à Roanne à 9 heures du matin, au lieu de 5 heures du soir, c'est-à-dire au moment où toutes nos rivières atteignaient, elles aussi, leur maximum d'élévation. Chacun peut apprécier les effets qu'eût produits cette fatale coïncidence.

Constatons enfin qu'au moment où la Loire atteignait son maximum d'élévation, au Bec-d'Allier, c'est-à-dire à 6 heures et demie du soir, le 26, l'Allier avait déjà perdu 2 mètres ! Le maximum de l'Allier avait passé en cet endroit dans la matinée du même jour, c'est-à-dire douze heures auparavant !

Après les conclusions du rapport de M. Boulangé, les réparations à la digue ne pouvaient plus rencontrer d'opposition. Elles furent en effet effectuées en 1849 et 1850. La digue de la rive droite seule fut l'objet de ces réparations. On l'exhaussa d'une partie de ce que les crues et les propriétaires voisins lui avaient enlevé, et elle fut portée à la hauteur de 17 mètres au-dessus de l'étiage.

La digue de la rive gauche fut complétement délaissée.

Les crues de 1852, de 1856 et surtout de 1866, ont achevé ce que 1790 et 1846 avaient si bien commencé. Cette partie de la digue est dans un état de délabrement qui ne peut qu'inspirer les craintes les plus sérieuses. La crue de 1866 en a emporté plusieurs mètres. Réduite à une hauteur que chaque crue abaisse encore, il est de toute évidence que le volume des eaux qui trouvent ainsi un passage ne peut que s'accroître de jour en jour. Ainsi, la crue de 1846 a été plus forte que celle de 1790 ; sans les réparations faites à la grande digue, celle de 1866 eût été aussi terrible que celle de 1846 ; et si les réparations et l'exhaussement qu'il est urgent d'y exécuter ne se font pas, 7000 ou 7400 mètres cubes d'eau par seconde ne tarderont pas à venir encore apporter la preuve de la suffisance ou non suffisance du débit du pont de Roanne.

A la suite de l'inondation de 1856, l'Empereur, instruit des excellents résultats produits par la digue de Pinay, publia une lettre fameuse sur les inondations et les effets de cette digue. Nous avons cru que, cette fois, MM. les ingénieurs se hâteraient de perfectionner à Pinay le système vanté avec tant de raison et de sagesse par l'écrivain impérial. Nous avons espéré que le digueron, qu'on avait délaissé en 1849, faute de fonds probablement, serait cette fois réparé, consolidé et relevé à la hauteur de la grande digue ; mais, vain espoir, ce travail obscur, incapable de faire la réputation d'un ingénieur et d'attacher aucune gloire à son nom, fut complétement écarté malgré son incontestable utilité, malgré même son impérieuse nécessité, et nous avons dû ajouter encore, grâce à cet oubli, quelques 30 à 40 millions de plus au chiffre des dommages occasionnés par la Loire.

Il est temps, nous l'avons dit, que cette situation cesse. Intéressons à nos réclamations les départements et les villes qui sont au-dessous de nous : leur intérêt est confondu avec le nôtre. Qu'une députation, au besoin, se rende à Paris et sollicite un audience de l'Empereur, pour rappeler à Sa Majesté que les populations demandent avec instance l'application du système qu'Elle a vanté avec tant de sagesse, et dont la récente et douloureuse épreuve de 1866 nous a montré toute l'excellence.

Que faut-il pour cela ? sont-ce des crédits énormes, capables de détruire l'équilibre du budget? Non, nous l'affirmons, 80,000 francs[1] de travaux, tout au plus, suffisent pour mettre à l'abri *complétement et à tout jamais*, non-seulement la ville de Roanne, mais encore tout le littoral de la basse Loire.

Il importe que la digue de Pinay et le digueron soient élevés de 2 ou 3 mètres. Il importe qu'une écluse inébranlable ne permette jamais à plus de 6000 mètres cubes d'eau de s'échapper à la fois. Un immense réservoir de 40 à 50 kilomètres de superficie existe au-dessus de la digue pour emmagasiner les produits de l'inondation, il faut l'utiliser; 2 ou 3 mètres de plus à la digue de Pinay élèveront peut-être les eaux dans la plaine de 20 ou 30 centimètres, mais qu'importe aux champs recouverts

[1] La construction totale de la digue de Pinay n'a coûté que 170,000 francs environ.

Qu'on nous permette de réclamer aussi la construction d'une arche sur les deux digues lorsqu'elles auront été réparées. L'absence de toute communication entre les deux rives de la Loire est extrêmement regrettable. Nous ne doutons pas que les esprits éminents de nos pays, qui ont pris part à l'enquête agricole, n'aient signalé avec instance le tort immense qui résulte, pour l'agriculture, de cette fâcheuse situation.

par 5 ou 6 mètres d'eau d'en recevoir 20 ou 30 centimètres de plus? Ce sera augmenter encore la masse des
limons fécondants qui s'y déposeront. Quant aux maisons
qui, sur les deux rives, pourraient être atteintes, que de
justes indemnités leur soient accordées. Par ces travaux,
l'on préviendra des désastres qui, en vingt ans, ont détruit
ou coûté en réparations plus de 100 millions. En face de
pareils chiffres, que peuvent signifier les quelques indemnités qu'il faudrait accorder?

Un grand nombre de propriétaires, nous en sommes
convaincus, verraient avec bonheur l'élévation de la digue
de Pinay. En effet, le remous occasionné par elle ne se
prolonge pas beaucoup au-delà de Cleppé dans les fortes
crues. Au-dessus de ce bourg, la Loire ravine les terrains
qu'elle inonde, elle creuse sur des points et ensable sur
d'autres; elle produit en un mot des effets analogues à
ceux que nous voyons dans la plaine de Vougy. En 1846,
on se souvient que la voiture faisant le service de Lyon à
Bordeaux fut surprise dans la plaine par l'inondation, et
qu'elle fut entraînée par un courant violent qui déracinait
même les arbres.

Si la digue eût été élevée de 2 ou 3 mètres, cet événement qui coûta la vie à plusieurs victimes ne se fût pas
produit. Au lieu d'un courant dévastateur, la plaine eût
été couverte d'une eau tranquille qui eût mouillé, mais
rien de plus. Le pont suspendu de Balbigny est souvent
recouvert de plusieurs mètres par l'inondation; qu'en
résulte-t-il? Absolument rien, pas une seule planche n'est
emportée; le pont prend un bain, voilà tout. Ces effets sont
donc infiniment préférables à ceux que produirait le
courant de la Loire.

Sans la digue de Pinay, les plaines de Balbigny ne seraient qu'une immense grève sablonneuse et stérile. Ajoutons enfin que cette élévation doublerait presque le réservoir destiné à l'emmagasinage des eaux, car alors elles pourraient refluer jusqu'à Feurs et, à gauche, presque jusqu'à Poncins par la large vallée du Lignon.

En résumé, la ville de Roanne a été mise en péril par le fait des agents du gouvernement et des travaux qu'ils ont exécutés malgré ses plus vives instances, depuis 1786 jusqu'à 1830. La ville, ne pouvant s'opposer par la force, a dû subir la suppression de l'un des deux lits de la Loire. Mais les plaintes qu'elle a toujours fait entendre, les réclamations qu'elle n'a cessé d'adresser, elle a le droit de les renouveler encore. Ce droit n'a pu prescrire; et l'administration municipale, au nom des populations qu'elle représente, ne doit pas cesser de faire observer au gouvernement qu'après avoir fait la faute, il est tenu de la réparer.

Pour obtenir cette réparation, pour voir renaître la sécurité dont l'administration des ponts et chaussées de 1786 et 1791 nous a violemment privés, nous nous bornons à réclamer deux séries de travaux.

Une première comprenant : 1° l'augmentation du débouché que le pont laisse aux eaux du fleuve; 2° la suppression de l'épi au-dessus du pont de Roanne; 3° la suppression des deux abreuvoirs en aval du pont; 4° la suppression du barrage fixe et, à sa place, l'édification d'un barrage mobile ; 5° enfin la consolidation des levées, et notamment de celle qui sépare la Loire du bassin du canal, dont nous demandons aussi l'exhaussement.

La seconde série comprend la consolidation de la digue et du digueron et leur élévation à 20 mètres au-dessus de l'étiage, au lieu de 17 mètres.

Si le gouvernement pense aux incalculables services rendus par la digue de Pinay, il comprendra immédiatement ceux que les réparations que nous le prions de faire sont appelées à rendre.

Par l'exécution de ces travaux, le gouvernement impérial mettra un terme définitif aux dangers qui nous menacent toujours ; il nous rendra cette sécurité féconde dont la privation a ruiné les bas quartiers de la ville ; il réparera les violences et les fautes commises à notre égard par les gouvernements qui l'ont précédé ; il fera, enfin, une juste application de ce principe inscrit au code Napoléon, comme au cœur de tout homme honnête : *Tout fait quelconque de l'homme qui cause à autrui un dommage, oblige celui par la faute duquel il est arrivé, à le réparer.*

Ainsi nous ne demandons que justice.

Puissent ces réflexions être le grain de blé tombant dans une bonne terre.

Francisque POTHIER.

[illegible]